MIS MÁS BELLAS CICATRICES

Raquel Gamero Telo

COLECCIÓN ITES

MIS MÁS BELLAS CICATRICES

© Raquel Gamero Telo
© Prólogo: Mario Peloche
© Obra pictórica de portada: *Salomónica*,
   de Pedro de Haro
© de esta edición: Olé Libros, 2024

ISBN: 978-84-10053-62-5
Depósito legal: V-2892-2024
Impreso en España

KALOSINI, S. L.
Grupo editorial **olélibros**
equipo@olelibros.com
www.olelibros.com

A mis hijos, mis motores, mis motivos.
A mi madre, el principio.

A mí, al fin.

[...] así es la vida, que así ha sido siempre, y está bien que sea así. En cada instante, en cada frase, en cada suspiro, en cada pequeño acontecer, lo trivial y lo misterioso van por partes iguales. Es todo, y no hay más que contar. Un grano de alegría, un mar de olvido.

LUIS LANDERO, EL BALCÓN EN EL INVIERNO

*[...] Ahora sabes
por qué escribo lo que escribo.*

*Llevo siempre una piedra en el bolsillo
para romperle el parabrisas al destino*

CARLOS SALEM, UNA SIRENA EN LA MONTAÑA

*[...] Para que tanta sed bebiendo cures
hay numerosas sendas para ti.
Pero se hace de noche; no te apures.
Todas traen a mí (...)*

ALFONSINA STORNI, IRREMEDIABLEMENTE, «DATE A VOLAR»

PRÓLOGO

No puedo ser honesto con tu poemario, Raquel. No puedo expresar con prosa, o solo con ella, todo lo que me ha removido. Tu poemario es un Prometeo, un manual de supervivencia, de reconstrucción, un *tour de force*, una catábasis al infierno y una anábasis desde él.

Viajemos juntos.

...

Apareces en el círculo más profundo del infierno, como de la nada, depositada allí sin saber muy bien cómo; y desde allí inicias el ascenso siguiendo el sendero oleaginoso que marca el río estigio de una cicatriz, que asciende hasta perderse en las alturas. Eso no es obstáculo para ti (ahora no), porque, sin darte cuenta, te han nacido unas alas de hueso. Y te elevan porque aceptas ser tú y, a la vez, ser nadie, lo que te vuelve ligera, etérea, ingrávida. Contemplas el paisaje escabroso y yermo como si no fuera contigo, pirandélicamente, y, como Moscarda, desapareces, dejas de ser, perdida de todos, alejada de todos, hasta de ti.

Llegas hasta lo alto, hasta una planicie ignota, y te pones de pie. Y te transformas en roca. Una alargada y alta. Un pilar. Un pilar de ti misma, capaz, por sí solo y desde la incapacidad, de ser. De sostener. Tus «ojos llagados» —qué hermoso y duro poema— convierten tus ojos en vidrieras, el paisaje en turbera; el cierzo sopla a tu alrededor, cercándote, resonando silencioso, quemándote como solo puede hacerlo el hielo. Y nunca cesa, porque te nace de dentro. Ingieres una píldora, qué más da si roja o azul, si es para dejarse llevar, para marcharse y marchar.

Y te plantas por fin en la añorada tierra de la realidad. Pero la realidad es compartida, un purgatorio, un binomio, y ante la embestida del otro —con el que fuiste una vez uno—, temes deshacerte como un azucarillo; dudas, pero decides, valiente, estar sola contigo, hacerte visible ante ti, huir de los reproches de dos. Qué hermoso es «del principio al fin». No solo hermoso, sino vivo, lleno. Completo.

Y después, «silencio», el que germina después del estruendo, de los golpes, de las voces y del miedo.

Luego lloras (como antes, como durante, pero no ahora, o sí, pero por otras cosas), lloras hasta quedarte sin lágrimas, solo con la sal, toda tú vuelta estatua de sal, mujer de Lot, abandonada, congelada en ti; sientes que no tienes nada que dar pero que tienes todo a repartir: el silencio, las fotos, el cepillo de dientes, el vacío, el tiempo, el futuro, el amor. Siempre, siempre, el amor.

Y el sol te roza, te transmuta en roca naranja, en roca de ámbar con una hoja fósil por dentro. Y como siempre ocurre en la naturaleza, en la vida, después de las hojas, las flores: llueven flores. Flores de amor y deseo, de sensación y emoción; de la fantasía del anhelo y del cumplimiento de lo imaginado; flores de cuerpos abiertos y de estambres enhiestos, de embestidas y retrocesos. De sueños, de puros sueños.

De sentires y recuerdos.

MARIO PELOCHE

Dolor de alma

*Armotton: Todas las cosas son buenas
y hermosas para lo que vayan bien
y feas y malas para lo que vayan mal.*

Sócrates (469 a. C.-399 a. C.)

POR QUÉ

Y le pregunté al dolor:
¿Por qué?
¿Por qué yo?
¿Por qué a mí?
¿Por qué así?
¿Por qué aquí?
¿Por qué ahora?
¿Por qué siempre?
.
.
.

Y dolor me respondió:
¿Y por qué no?

PUNTO DE PARTIDA

Me puse a andar muy deprisa
sin mirar atrás
aquella senda que creía la de mi vida.
Mas cuando quise retornar
al origen del camino
tan lejos había ido
sin rumbo ni destino
que me había extraviado.
Y tantos pasos había dado
sin orden ni sentido
que allí donde había llegado
sin brújula ni mapa
estaba en medio de la nada.

Tendida en el suelo
lloré mares de desazón
durante meses de desconsuelo
hasta que lo entendí.
Tan distante me encontraba
del punto de partida
que al mismísimo infierno tenía que bajar
y quemar mi propia piel
y desangrarme en mis heridas
para después,
regresar.

Me levanté con cuidado
y empecé a desandar,
despacio
para volver a ir
a ese lugar de donde venía,

y del que yo misma
en mi vagar errado
me había desterrado.

Y seguí, y sigo
para llegar otra vez hasta allí,
y volver algún día,

                     a mí.

A Ortega y Gasset

Yo soy yo y mis circunstancias.

José Ortega y Gasset

No quiero vivir
en un paréntesis
de mi propia vida
esperando
cada día
que cambie
todo.
Deseo
empezar de nuevo
de cero
resetear
dejar
atrás
el dolor
el pasado
que me corroe
por dentro
caminar hacia delante
olvidar
de dónde vengo
eliminar
los recuerdos
ser nadie
de nadie
ser nada
de nada
para nada
solo yo
y mis circunstancias.

MORIR UN RATO

Dormir
ahora
después
mañana
toda la semana
meses
siempre.

Dormir hasta que pase
hasta que no duela
hasta que toda esta ponzoña
que me llena las entrañas
de zozobra
desaparezca.

Dormir sin soñar
sin sentir
dejar de existir
para todos
para todo
que avance el tiempo
que la vida transcurra deprisa
y sin mí.

Morir un rato
no más,
y otro día
algún día
tal vez
quizás
volver a empezar.

INCAPAZ

Incapaz de trabajar
Incapaz de producir
Incapaz de empezar
De terminar
De tirar
De empujar
De seguir
Incapaz de amarrar
Incapaz de soltar
Incapaz de salir
De fluir
De huir

Incapaz de sostenerme

d
e

t
e
n
e
r
m
e

e
n

p
i
e

Capaz de llorar
Capaz de doler(me)
Capaz de sentir(me)
Reír
Vivir
Incapaz de mí
pero
capaz.
¡Sí!

Ojos llagados

Tengo los ojos llagados de llorar hacia dentro,
de sonreír mientras cuchillas de hielo se me clavan
                              [en los párpados
y se derriten en mis pupilas
abrasando la piel que nace donde mueren mis pestañas.

Lágrimas invisibles
arrasan mi cara
marcando con surcos mis mejillas
enrojecidas que son espejo
de la quemazón que me provoca
el sufrimiento silente.

Mi cuerpo yermo se revela contra el dolor callado.
Los gritos enmudecidos que no brotan por la garganta
supuran por la piel
la queman, la escaran.
Escuece.

Envejece el alma cada vez que calla
y el cuerpo se rebela,
sangra a borbotones en sus entrañas.
Se retuerce, se estremece.
Suplica que reaccione,
que escape o se enfrente
Como quiera que sea pero...
¡Reacciona!
¡Sana!

Es mi cuerpo el que clama
y se desgarra.
Nadie lo escucha y llora por dentro.
Abrasa.
Me arrasa.
Mis ojos,
una vez más,
se llagan.

Cientos de agujas se me clavan en la boca del estómago.
Mi garganta se ha secado,
mi voz ha enmudecido,
me retuerzo,
gimo,
lloro,
pido auxilio.

¿Acaso alguien puede ver el incendio que me está abrasando
[por dentro?
¿Acaso alguien puede escuchar el estruendo que ha invadido
[mi cuerpo?
Un ser despiadado
se ha apoderado de mí.
golpea con los puños cerrados
mi vientre vaciado
yo me hago un ovillo.
Pienso que voy a morir
ahora
en este justo instante
explotaré
y mi sangre teñirá este espacio de rojo
mis vísceras lo embadurnarán todo.

No me importa que sea aquí
No me importa que sea así
de angustia
de quemazón.

Quizás entonces, ellos, los otros, por fin me crean,
y seguro que dirán cuando lo sepan:

«Algunos días
muchos días
quizás todos
todo el día
o a ratos
la pobrecilla
se moría de dolor».

ANSIEDAD

PLACER Y DOLOR

Transitar el dolor
Encararlo
Mirarlo de frente
No huir
Conocerlo
Reconocerlo
Comprenderlo
Abrazarlo
Integrarlo
Convertirlo en una parte de mí

Placer y dolor son dos polos de una misma sensación

Me siento viva
Duele porque siento
Siento porque estoy viva
Vivo y siento
Siento dolor
Dolor en el cuerpo
Dolor en el corazón
A veces es lo mismo
Muchas veces
A veces no

El dolor me atrapa
Me invade
Me aterra
Me paraliza
Me penetra

Placer y dolor son dos polos de una misma sensación

Me dejo llevar
Siento
Lo siento
Me palpa la piel
Recorre mis músculos
Me empuja
Me estremezco con cada envite
Mi cuerpo se ahueca
Se mojan mis labios
Y mis venas se secan
Se vierte en mis entrañas
Tiemblo
Gimo
Se vacían mis entrañas
Desfallezco

Placer y dolor son dos polos de una misma sensación

PÍLDORAS DE SUPERVIVENCIA

Por donde duele,
si se puede,
evitar pasar.

Con cuanto conmueve
hacerse un arrullo,
y dejarse llevar.

Con lo que provoca gozo
cuanto más mejor,
repetir, retornar, reutilizar
y dejarse inundar.

Ante la indiferencia
no reaccionar,
primero ignorar
después olvidar.

En el desamor
marcharse,
y dejar marchar.

FELIZ

Anoche soñé que de mis vértebras brotaban alas;
eran blancas,
esbeltas,
alargadas,
suaves como la seda,
y ligeras como el algodón.
Bellas.

Empecé a agitarlas
sin apenas esfuerzo
y un cosquilleo me recorrió el cuerpo.
Empecé a alzarme despacio
a varios metros del suelo
y volé.
Volé cada vez más alto.
Volé cada vez más lejos.

Me fui de todo.
Me fui de todos.
Me fui de mí.
Llegué a un mundo diferente.
Yo no era yo,
era nueva,
distinta,
ligera.
Sin pasado.
Sin presente.
Sin futuro.
Sin ataduras ni nudos.
Sin miedo.
Sin dolor.

Sin un agujero de fuego en el pecho.
Sin una cadena de acero amarrada al cuello.
Sin la espalda envarada.
Sin las mejillas enrojecidas de tanto llorar.
Y sin la voz ronca de gritar y gritar.
Sin las piernas pesadas
y el cuerpo cansado.
Sin una sola cicatriz.
Sin los ojos llorosos
y los labios agrietados.

Yo no era yo.
Yo era libre.
Era ligera.
Y era feliz.

Perderse...

Para volver a encontrarse.
Hundirse
para salir a flote.
Caerse
para levantarse
Olvidar quién eres
lo que quieres
adónde vas
de dónde vienes,
para resurgir
renacer
rearmarse
con más fuerza
aún si cabe
en toda tu grandeza
tu valía
y tu genialidad.
A veces es necesario
dejarse llevar
por la adversidad
por lo no correcto
por lo abyecto, incluso.
Retozar en el dolor
en lo oscuro
en el daño
en la herida
en la cicatriz
Desesperar.
Desesperarse.
Rendirse,
envolverse en lágrimas

sentir la angustia aplastando el pecho
atravesando el estómago
y acelerando el corazón.
Imaginar que este se sale del cuerpo
observar cómo late en el suelo,
fuera de ti.
Caerse
¡Pum!
Morir,
morir,
morir.

Silencio
.
.
.
.
.
.
.
.
.
.
.
.
.
.
.
.
.
.

.
.
.
.
.
.
.
.
.
.
.
.
.
.
.
.
.
.
.
.
.
.

Segundos de silencio,
minutos de silencio,
horas de silencio,
días de silencio,

el dolor del alma es un estruendoso silencio.
.
.
.
.

Despertar
volver a ti
al camino,
siempre
Tu camino,
el que te hace ser
de verdad.
Tu esencia
tu sonrisa
tu calma
tu presencia.

A veces pararse
a pensar
llorar
lágrimas de duda
de miedo
de no puedo
o no quiero
es avanzar.

ABRAZARME

Abrazarme,
darme el calor que no encuentro
el cariño que anhelo
la ternura que espero
decirme que me quiero
que merezco lo bueno
que debo seguir.
Seguir,
no por ellos
no por todos
ni por nadie
sino por mí.

Abrazarme
hacerme arrullo
y sentirme,
en mi regazo
en mi piel
y en mis manos.
Acariciar mis heridas,
soplar sobre ellas
hacerme cosquillas
para que me ría
para que sane.

Abrazarme
como lo haría mi madre.
Decirme que no llore,
que estaré conmigo
pase lo que pase.

Abrazarme
 y saberme querida
por mí misma.
Abrazarme y
por fin,
sentirme
V
I
V
A

Poesía de azucarillo

[...] En el camino,
ir dejando lo accesorio,
por ejemplo el corazón.

Juan Cobos Wilkins, *Matar poetas*,
«Intenta explicarme la ataraxia»

SUFICIENTE

Demasiados gritos
Demasiados reproches
Demasiados no puedo
Demasiados espero
Demasiados no estás
Demasiados enfados
Demasiados déjame en paz
Demasiados quizás
Demasiados silencios

¿Por qué no fue suficiente un simple ya no te quiero?

No, no, no

Las heridas que me causaste en el alma
con la metralleta de tu voz
no sanarán con un ramillete de palabras blancas.

Del principio al fin

Te sueño
Te imagino
Te encuentro
Te deseo
Te tengo
Te exploro
Te descubro
Te quiero
Te invado
Te domino
Te poseo
...
Me acostumbro
Me canso
Me alejo
¿Te molesto?
Está bien, cariño
Yo tampoco te quiero

Silencio

Silencio.
Fuera de esta habitación solo hay silencio.
La casa vacía,
fría.
Pero dentro de mí chirrían puertas.
Suena como el ruido de cristales rotos,
tengo un estruendo dentro
que me estremece.

Y un golpe seco,
el sonido nauseabundo de un cráneo estampándose
[contra el suelo.
La niebla no me deja ver a un metro de mí
ni dentro de mí.
Estoy confusa,
perdida,
aturdida.
Quiero dormir todo el día,
toda la semana,
toda la vida.

Miedo.
No tengo ganas,
no tengo nada
que no sea miedo.

Miedo.

Lo agarro con mis manos.
Lo aprieto. Quiero hacerlo desaparecer.
Y hago tanta fuerza que me revientan las venas
                              [debajo de la piel;
la sangre lo llena todo.
Rojo.
Mis ojos ensangrentados
mi boca ensangrentada
mi garganta.
Huele a sangre, sabe a sangre.
Quiero dormir todo el día
toda la semana
toda mi vida.

MIENTRAS

Es tan agudo el dolor que me aplasta el pecho
que siento que va a atravesarlo.
Hará un agujero de vacío a través del cual se podrá ver
[por detrás de mí lo vivido,
lo sufrido,
las esperanzas muertas,
los anhelos abandonados en el camino,
los caminos no andados,
esos sueños imaginados de los que ya he despertado.

Y delante de mí, más vacío.
Sin color, sin calor, sin saber, sin sabor, sin ideas, ni soluciones.
Solo miedo a cometer errores.
Mi pecho vacío de corazón me duele a rabiar.
Me duele el corazón que he perdido con todos esos sueños
que no se nos cumplieron, como cuando a alguien le cortan
un pie o un brazo y lo siente dolorido, doloroso.
El miembro invisible.
Una vida de dos, un amor eterno, envejecer juntos, amarnos
hasta dolernos, dolernos de amor. Amar hasta morir.
Morir de amor.
Me dijeron de niña que el verdadero amor era para siempre.

Mentira. Mentira. Mentira.

El verdadero amor también se acaba.

El despertador suena temprano todos los días y no hay tiempo
[para mirarnos.
Hace mucho que hemos dejado de dormir abrazados.

No es que no quiera estar contigo, es que prefiero estar conmigo.
Sola.
Ahora.
Ayer.
Después.

Me he hecho invisible a tus ojos.
Y tú a los míos.
Me martillea la cabeza. Cada día. Cada discusión, cada palabra,
             [cada silencio, cada desengaño, cada desilusión.
Cada caricia que espero y no llega.
Cada vez que mi cama está vacía de ti.
Cada beso que no me das.
Todos esos tequieros que ya no recuerdo cómo se pronuncian.
Ni cómo suenan.
Pero sueño con que un día volveré a soñar.
Y a ilusionarme.
A amar.
Y mi agujero del pecho se tapará.
¿Contigo?
No lo sé.
Lo dudo.
No lo creo.
Pero sueño.
Y el miembro invisible, el amor desvanecido, evaporado,
             [volatilizado, desaparecido, muerto, perdido,
será solo un dulce recuerdo.
Y un recuerdo también se puede amar.
Intensamente.
Hasta doler.
Pero no para siempre.
Y entonces habré aprendido que en el amor siempre es mientras.
Mientras lo esperas.

Mientras llega.
Mientras dura.
Y cuando llega y mientras dura, mientras, vuelve a ser siempre.
Y siempre será otra vez para siempre.
Mientras.
Solo mientras.
Siempre mientras.

Des-corazón

Mi corazón se despedazó
y me dolieron hasta los tuétanos
del golpe
tan brusco y tan seco.

Y justo en el mismo lugar
donde hasta ese mismo día
con sus ventrículos y sus aurículas
habitaba latiendo,
y hasta lo más profundo
de las más profunda
de mis entrañas,
se hizo un profundo hueco.

Un hueco de rabia
un hueco de lágrimas
un hueco de dolor
y un hueco de recuerdos.

Hoy no soy más que un pecho sin corazón
un latido sin dueño
un alma sin amor
una diosa sin templo.

SIN

Quisiera congelar mi vida

                                para siempre

               hoy

                           ahora

sin ti.

          Quisiera congelar mi vida

                                por

siempre

               nunca

                           jamás

sin mí.

Y sin embargo
y a nuestro pesar,
allí donde iba,
era contigo
con quien quería llegar.

¿A dónde va el amor cuando se marcha?
¿A dónde?
¿Dónde las sonrisas tímidas
y las miradas lascivas,
los besos
los sueños
las manos cogidas?

¿Las promesas
las caricias
los abrazos sin prisa,
las noches más cortas
los planes...
la vida?

¿A dónde van la ilusión,
las ganas,
el deseo,
la calma,
la alegría de un alma encendida,
la luz en los ojos,
los latidos deprisa?

¿A dónde va el amor
cuando se rompe
se pierde
se esconde
o se olvida?

¿A DÓNDE?

MARES DE LÁGRIMAS

Llorar
a mares
escuece
como
la sal
en las heridas
que no se cierran
y sangran
cada vez
que recuerdas
que recuerda
lo que fuiste
lo que fuisteis
y supuran
cada vez
que sueñas
que sueña
con volver a sentir
lo que sentiste
lo que sentisteis.

Llorar
llorar
llorar
todas las lágrimas,
hasta que solo quede la sal.

Me duele el pecho
siento que se me ha hecho un agujero
en el centro, negro, oscuro, sin principio y sin fin.
Quema como un volcán que quiere escupir.
La lava hierve dentro de mí y necesita fluir
escapar de mis entrañas para no abrasarlas.

Me duele el alma ¡está tan afilada!
Me acuchilla por dentro,
un alma llena de sueños rotos
e ilusiones despiezadas.

Y ahora tenemos que dividirlo todo entre dos,
Incluso los álbumes de fotos, testimonio tangible de
[*nuestra* vida.
Todo un futuro a repartir:
esto para ti y aquello para mí.
La culpa quédatela tú,
que la tristeza me la llevo yo;
la rabia llévatela tú,
y el miedo me lo quedo yo.

Si pudiera rebobinar mi vida te lo diría,
te diría que no iba a salir bien,
que no me miraras nunca de *esa* forma,
porque un día lo dejarías de hacer,
que no me buscaras y que no permitieras a *e*se sentimiento
[crecer.
Que no pronunciaras nunca un «te quiero» porque un día
[no lo sabrías hacer.

Si pudiera rebobinar mi vida hasta aquel primer día,
te diría que te fueras muy lejos
que no me besaras ni me abrazaras
que no me dieras la mano por primera vez.
No.
Ninguna vez.

Cuando hicieras todo eso te gritaría muy enfadada
que no lo volvieras a hacer,
porque hoy duele demasiado.
Demasiado.
Duele.
Entonces no lo sabía
pero hoy ya lo sé.

[...]

Hoy
todo se ha terminado,
y yo me vuelvo a romper.

FIN

La vida sin mí

(I)

Las maletas llenas de ropa.
Los cepillos de dientes.
y el cepillo del pelo.
Los abrigos por si hace frío,
y una manguita corta por si hace calor;
la tarjeta sanitaria,
la medicina para la fiebre,
y la del dolor.

Unas tiritas,
un cuento,
los calcetines de dinosaurio,
y el pañuelo de florecitas.
Los lápices de colores,
y la libreta de corazones.

—Solo falta mamá.
—Mamá no va, cariño.

—¿Esta vez?
—Nunca más.

(II)

El vacío duele
El silencio duele
El tiempo duele
El espacio duele

El recuerdo duele
El futuro duele
Duele
Duelo
Me duele
Me duelo
Me duermo para no sentir
El vacío
El silencio
El tiempo
El espacio
El recuerdo
El futuro
Que tanto duele
Sin mí

(III)

Esta mañana
mis ojos se llenaron de lágrimas
y mis manos de dolor.
Soy herida que sangra y supura.

Punto y aparte.

Miedo. Tengo miedo.
Tiemblo.
Espero.
Muero.

Punto y final.

.
.
.
.
.
.
_____Reiniciar.

NO ESTOY LOCA

No estoy loca
estoy más cuerda que nunca
pero se me paró el reloj
y me reventó el corazón
camino de puntillas
para no despertarme
a mi propia vida
¿qué vida?
Esta
la de verdad
la que no quiero ver
mutilada
muda
muñeca rota
desnuda
así es como soy
jirones de mí
me cubren apenas
descubro
mi esencia
soy dolor
soy herida
soy tristeza
soy hija sin madre
soy madre sin hijos
soy mujer sin hombre
soy mujer sin mujer
soy amante sin amor
todo amor
solo amor
amor que se ha ido

amor que no ha venido
amor
.

.

.

Amor

No voy a llorar,
no ahora.

Prefiero recordar
tu mirada en mis ojos
y los besos de miel
los abrazos en rojo
y tus dedos de pincel.
Nuestros bailes de manos
con los cuerpos enredados,
tus «te quiero»
y mis «yo también».

No voy a llorar,
no ahora.
Ahora,
sin lágrimas
y con calma,
a solas con mis recuerdos,
te pensaré.

Lluvia en los ojos

Tengo los ojos llenos de lluvia
y de mis manos brota la escarcha,
un arcoíris en los pechos
y el viento de norte, muy frío
me atora la espalda.

No sé si el sol se escondió en el ocaso
o nunca llegó a amanecer,
tengo estrellas en el pelo
y nubarrones en los pies.

Tengo la piel cubierta de miedo
y el corazón rebosando de pena.
No tengo nada,
no tengo ganas,
no tengo fe,
solo un «te quiero»
en estos labios
que nunca más diré.

Naranja o un día cualquiera de otoño

El otoño viste las calles
y me viste por dentro
las hojas caen,
son recuerdo.
Un pasado verde
florido
luminoso
futurible.
Un pasado que un día fue sueño
hoy se me antoja caduco.
El presente es del color de lo maduro
lo pensado, lo gastado, lo sereno
lo tierno.
El naranja luminoso del fuego ardiente se convirtió en
[el ocre dorado,
doliente, cansado.
El otoño desviste los árboles, los deja vulnerables en
[su esbelta desnudez.
Me miro al espejo
y me miro por dentro:
desnuda como las ramas sin hojas,
como el tronco desvalido.
Tiemblo.
Me estremezco.
Tengo frío.
Pero es ahora,
¡ahora!, cuando más me siento.
En la desnudez de mi piel
y sus cicatrices sin máscaras
en mi cara lavada

sin ojos y sin pestañas,
sin boca, sin nariz.
Sin nada.
El otoño desnudó los árboles
y yo desnudé mi alma.
Hoy me siento bien.
No pesa,
no peso.
Naranja es también el color del alba.

Llueven flores

La pena que derramo

...

cuando me golpea,
que se la lleven los vientos y los cuidados.

SAFO DE LESBOS

LLUEVEN FLORES

Llueven flores.
El mundo no gira, baila.
El sol no calienta, acaricia.
El viento no sopla, susurra.
Las ramas del árbol no se mueven, se mecen.
Tu voz me estremece.
Te busco en mis sueños.
Paseas por mis pensamientos.
Te hablo desde lejos.
Te oigo en el silencio.
La calma invade mi pecho.
Y mi piel anhela las yemas de tus dedos.
Quiero sentirte en mí más aún de lo que ya te siento.
Quiero arropar tu alma con gemidos y besos.
Quiero envolver mi regalo, tu cuerpo, con mi deseo.
Leer en tus ojos,
beber en tus labios,
perderme en tus brazos,
bailar en tus caderas,
sentirte entre mis piernas.
...
Llueven flores de colores,
cada vez que te siento cerca.

Prólogo del deseo

Mi mente es poderosa.
Puede hacer que lo sienta.
¿El qué?
Lo que pienso.
Los pensamientos se convierten en emociones, las emociones
[en deseo.
¿El deseo en acción?
No siempre.
Mas debo liberarlo.
Escritura terapéutica.
No lo escribí para ti.
Lo escribí para mí.
Pero quiero compartirlo contigo porque solo tú puedes entender
la plenitud de su sentido, a pesar del tono aparentemente
descarado, libidinoso, ¿soez?
No.
Es limpio.
Es puro.
Es bello.
Es sentimiento, es sensación y es emoción.
Liberé mis emociones
Me reencontré allí donde hacía tiempo me había perdido.
Tú, simplemente,
sin saberlo, sin quererlo,
me llevaste a ello.
Me trajiste aquí
y me retornaste a mí.

La trilogía del deseo

La *Trilogía del deseo* puede haber ocurrido o no.
Puede ser fruto de mi imaginación, pura ficción, o puede ser
el resultado de la inspiración que me ha llegado desde
lo más profundo de mi ser,
de modo que realmente podría haber pensado,
imaginado,
hecho y sentido cuanto he escrito.
O no.
Si te espanta
podrías olvidarla y nunca habrá existido.
Si te agrada,
puedes guardarla como un grato recuerdo.
Si te encanta,
puedes leerla de vez en cuando.
Imaginarme,
o vivirme para recordarme
[...]
Tú decides.

El placer de lo prohibido,
el anhelo de lo imposible.
Ensoñación.
Fantasía.
Dolor, miedo, frustración, ira;
tanto tiempo habitaron mi cuerpo que habían matado el deseo.

Hoy mi corazón late fuerte
entre mis piernas
y se despierta el volcán.

Debajo de ti, me imagino frágil y vulnerable.
Tus ojos transparentes, casi inocentes, inquietos.
Lascivos, hambrientos, salvajes.
Tus manos aprietan con firmeza mis brazos.
No puedo escapar de tu viril envite.
No quiero escapar.
Te siento con toda tu dureza.
Dentro de mí.
Rítmico pero pausado.
Suave pero violento.
Con la calma de quien alcanza la gloria del anhelo perseguido.
Con el ansia de quien debe terminar cuanto antes lo que está
prohibido.

DESEO

Deseo II

Me tumbo en la cama después de comer.
Siento el placentero letargo de los músculos de todo mi cuerpo
[fatigados.
Están calientes, están pesados.
Me relajo.
Casi sin darme cuenta en mi imaginación apareces tú.
Pienso en tu torso desnudo.
Hueles a jabón suave.
Sabes a limón, sal y miel.
Siento cómo se abren los poros de tu piel cuando recorro tu cuerpo
[con las yemas de mis dedos.
Encima de ti me siento poderosa;
como una amazona que cabalga ágil, sin miedo, hacia el horizonte,
[siempre eterno.
Entonces despierto.
Puedo llegar al éxtasis con solo pensarte.
Mis dedos se pierden entre mis piernas.
Imagino que no son míos.
Imagino que son los tuyos.
Perfectos, suaves, hábiles, a veces rápidos y a veces lentos.
Mi corazón se moja. Lágrimas de gozo.
¿Acaso puede llamarse traición a lo que nunca sucedió?
¿Es deslealtad un encuentro fugaz si solo en la mente tuvo lugar?
Te imagino amasando mis pechos redondos, suaves, pequeños,
los mismos que un día estuvieron colmados de alimento de vida.
Y acariciando con ternura mi piel desnuda.
Desde la nuca hasta las nalgas,
de la barbilla al ombligo,
de la cintura a los tobillos.
Me excita imaginarte recorriendo curioso con tus manos
las descompensaciones de mi maltrecha figura.

Antes era mi debilidad.
Ahora es mi fuerza.
Embísteme.
Lléname de ti.
De tu energía.
De tu vitalidad.
De tu calor.
De tu inocencia.
Chico, hazme mujer.
Otra vez.

Deseo III

No te muevas.
Déjame mirarte mientras no me miras.
Deja que me embriague del simple placer de observarte:

Tu cara angulosa, fina,
Tu boca perfecta, me imagino dentro de ella jugando con tu lengua inquieta.
Besos suaves y besos salvajes.
Tu cuello esbelto, fino, perfecto.
Tu pecho imperfecto, hermosamente inacabado.
El abdomen plano, duro, pubis hirsuto y entre tus piernas,
[tú, imponente y abultado.
Deslizo mis dedos índice y corazón por tus labios y después juego
[con ellos por tu piel paseándolos.
Escalofríos.
Tu cuerpo joven, terso, impoluto, cuidado.
Mi cuerpo experto, ya sufrido, ajado.
Las cicatrices son mis recuerdos del dolor, la enfermedad y la mutilación.
La maternidad.
Por primera vez en mucho tiempo, despierto del letargo.
Quiero sentirme observada, admirada, deseada.
Saciada.
Deseo alcanzar el cielo con la punta de los dedos cuando mi vientre partido y
vacío se retuerza vencido ante el empuje enloquecido de tu cuerpo.
Te miro, me miras. Pareces asustado, nervioso.
Yo sigo tu balanceo muy lento, acompasado.
Entonces vigoroso me empujas con la furia de un voraz animal salvaje
despiezando su presa.
Clavo mis ojos en tus ojos, mis uñas en tu espalda, mis tobillos en tus nalgas y
aprieto con fuerza tu corazón que bombea entre mis piernas.
Tu calor me hace estallar en mil pedazos
Me derramo.

Te derramas
Templados, mojados, densos, exhaustos te susurro: «No te
muevas por favor.
Quédate un rato así,
y permanecerás para siempre
en mí».

No recuerdo cuándo ocurrió.
No fue el primer día, tampoco el segundo.
Quizás no fue el tercero ni los que le siguieron.
Solo sé que un día ya no podía mirarte a los ojos sin sentirme avergonzada, y me estremecía si breve y sutilmente me tocabas, enrojecía cuando me sonreías y a menudo pensaba en ti y en tu mirada.
Te imaginé en mi cama.
Te soñé y me desperté excitada.
¿Amor puro o ardiente deseo?
Qué más da, más allá de estas letras,
todo es nada.

SERPIENTE

¿Mariposas en el estómago?
No, esto es diferente.
Es una serpiente que tengo enrollada en mi vientre.
Se desliza despacio por debajo de mi ombligo.
Y bebe de la fuente húmeda de entre mis piernas.
La busco con mis dedos allí donde se ha adentrado,
la atrapo,
la aprieto,
la mato.
Y su sangre templada se derrama.

Calma.

TE HE SOÑADO

Hoy he dejado la luz encendida
Incluso así, he soñado.
Y he visto tus manos de mantequilla untando mis caderas,
tu lengua exprimiendo mis pechos de limón,
tu saliva de almíbar vertiéndose en mi boca,
y tus palabras de azúcar espolvoreando mi corazón.
En mi sueño me he preguntado:
¿Por qué no me toca?
¿Por qué no me toca?
¿Por qué no me toca?
[...]
Y entonces me has tocado.
Y todo mi amor se ha derramado.
Otra vez, he soñado.
[...]

Te he soñado.

Entonces dejará de ser mía

Me prometí a mí misma no volver a hacerlo,
pensar
pensarlo
pensarte
Y guardé mi poema en un sobre que sellé con saliva y perfume.

Pero no pude evitarlo
Las ideas, desenfrenadas, se movían en mi mente,
de un lado a otro y tuve que
LIBERARLAS
Y la liberé como sé hacerlo...
Con palabras
Y no es un juego
No, no lo es
Es la voz de mi alma, que me habla
Y esta vez sonó precioso
Y me parecieron tan hermosos los versos que me sentía
                              [muy apenada si los guardaba.
Y quise mostrártelos.
Por eso rompí el sobre que llevaba varios días cerrado
E introduje una segunda poesía
Pero solo te la enseñaré si me lo pides
Solo tienes que decirlo:
«Por favor,
muéstramela,
quiero leerla»
Y entonces te la mostraré,
y dejará de ser mía.

Y HAY MÁS...

Mucho más
Pero no lo escribí después,
Lo escribí lo primero.
Y es mucho más explícito,
Lascivo,
Obsceno,
Deshonesto.
Y soberbio. Es soberbio.
Lo escribí al principio, cuando soñé con sexo.
Fue después cuando lloré.
Y lloré porque sé que nunca me darás un beso.
Y fue hoy cuando se me ocurrió algo parecido a esto:
«Nunca imaginé que podía encontrar algo tan grande en
[un espacio tan pequeño.
Y lo colocaré en mi corazón,
y a mi corazón le pondré un candado,
para que no se escape NUNCA.
Y entonces será mi tesoro mejor guardado».

Tú no tuviste la culpa.
Mi cuerpo estaba dormido y tú lo despertaste.
Fueron ellas quienes salvaron mi alma aprisionada.
Fueron ellas y no tú.
Ellas.

Las palabras.

SENTIRES

El cantar de los mirlos
que todas las mañanas
deleita mis oídos
al abrir la ventana.

El jazminero blanco
un festín de fragancia
que durante el verano
llena toda la casa.

Bombones de chocolate
vino de buena añada
caramelos de menta
y fresones con nata.

Caricias de tus manos
el roce de tu cara
tus dedos en mi pelo
el deseo en tu mirada.

Tus besos
mis susurros
mis «te quiero»
tus silencios.

Mis poemas en voz alta.

Personas recuerdo

Hay personas que pasan por la vida para ser recuerdo.
Dibujarte una sonrisa en la cara cada vez que la mente
te lleva a ese espacio que un día fue común.
Esa sensación de que ningún tiempo ni antes ni después
ha sido tan fugaz y
sin embargo
se ha quedado congelado para siempre en tu memoria
como un remanso de placer infinito, y de paz.
Ese olor que cada vez que vuelve hace que te traslades
a un lugar que solo existe en tu imaginación.
Puede que ni siquiera fuera así como lo piensas,
pero a ti te lleva allí. A vuestro lugar común.
Esa canción que contaba precisamente vuestra historia de dos.
Esa primera y esa última vez de aquello
que hicisteis,
que solo harás con esa persona.
Lo sabes bien.
Lo sabe bien.
Es vuestro secreto.
Sempiterna complicidad sellada en el arca de lo vivido.
Sin promesas de no olvido.
Esa mirada que hacía temblar tus piernas.
Y esas palabras.
Palabras susurradas
palabras pellizcadas
cosquillas de palabras
que se untaban en la piel y se vertían en ella.
Personas recuerdo que pasaron.
Que pasan.
Nunca llegan para quedarse
pero siempre permanecen de alguna forma porque te marcan.

Porque se te dieron con todo su ser,
en todo tu ser.
Esas personas que se te colaron y te calaron.
A ti.
En ti
y en tu forma de estar en este mundo
y en tu forma de sentir,
de sentirte.
Esas personas que en un breve espacio de tiempo
te dieron una eternidad de sensaciones.
Esas.
Esa.

Justo esa en la que estás pensando
es una persona recuerdo.

De colores

Rojo para los labios
naranja para las nalgas
chicle para las ingles
amarillos los suspiros
verde para quererte
azules —índigo, turquesa y marino— tus mil abrazos
y de morado, tus manos en todos mis huecos,
en todos mis lados.

Blanco.
Blanco.
Blanco.

Te extraño.

SOY AIRE

No vivimos de verdad
el aire que respiramos
el suelo que pisamos
la piel que tocamos
los perfumes que cubren nuestro olor
ese olor del animal
cuyos instintos reprimimos.

Quisiera caminar desnuda
bajo la lluvia
acariciar mi piel
sentirme bien
abrir los ojos
y ver
amor
abrazos de verdad
sinceridad
un cuerpo transparente
una voz sin pliegues
sin peros
tiempo sin condiciones
palabras sinceras
dar sin esperar
recibir sin pedir más
fluir
dejar pasar
olvidar
perdonar
huir
que nadie me persiga
ni me pregunte

adónde voy
ni quién soy
qué hago
o qué haré
porque yo soy nada
soy nadie
y de nadie.

Yo soy aire.

Metamorfosis, aceptación para la transformación.
Nada nos ocurre por casualidad.

NADALETTE LA FONTA SIX

Durante más de treinta años odié mi cuerpo,
mi cuerpo era mi vergüenza,
me sentía un monstruo por dentro.
Construí una vida sobre arenas movedizas
que simulaban cimientos,
mas hice todo cuanto se esperaba de mí
a pesar de.
Estudié
trabajé
ascendí
triunfé
gané dinero
me casé con un hombre bueno
y tuve dos hijos con él.
A pesar de.
O corrijo,
quizás mejor dicho,
por eso,
precisamente por eso,
un día apareció el dolor.
Y llegó para quedarse
en mi vida de mentira.
Para instalarse en mi despreciado cuerpo yermo.
Y después se me apareció su compañera y amiga:
la ansiedad
Y esta se me quería llevar
lejos
muy lejos.
Y entonces, aun sin quererlo, paré.

Y pensé mucho,
pensé y pensé.
Y un día me percaté de que el dolor no se va si lo ignoras,
tampoco la ansiedad.
Al contrario,
hay que observarlos,
entenderlos y
abrazarlos

Ambos dos,
dos ambos.
Me dominaron y no tuve opción:
aceptar que mi barco debía navegar con esos vientos,
tomar otro rumbo
vivir a otro ritmo
cuidar mi cuerpo maltrecho,
cuidarme.
Convivir con el dolor,
no solamente sobrevivirle
no solamente sobrevivir en él.

Me reencontré con mi cuerpo,
y dejé de odiarlo;
y además empecé a habitarlo,
a amarlo,
por fin.
A sentirlo un templo,
y a sentirlo sujeto y objeto de deseo,
después de tantos años,
después de tantos años desde que me habían crecido
                                    [los pechos.

Y mi barco volvió a navegar
«viento en popa a toda vela»,[1]
como dijo el poeta,
más raudo incluso,
tras tanta tempestad,
pero sin apenas darme cuenta
el amor se había caído por la borda
y había ido a parar al fondo del mar.
Ahora,
ahora sí,
hoy,
aquí,
empiezo un nuevo viaje
y siento que,
por fin,
estoy alzándome desde el suelo
y vuelo
y mientras me elevo,
suelto lastre
y dejo ir.
Y a ellas,
atrás las dejo
por fin:

                              mis más bellas cicatrices...

---

1 «Canción del pirata», José de Espronceda (Almendralejo, Badajoz;
1808-Madrid, 1842).

ÍNDICE

Parte III. Llueven flores